JN085894

施設管理者のための
建築物の簡易な劣化判定ハンドブック

令和5年版

第Ⅰ編　劣化判定の進め方

編集・発行　一般財団法人　建築保全センター

監　　　修　国土交通省大臣官房官庁営繕部

はじめに

　国や地方公共団体の所有する公共建築物は、膨大なストックとなっており、建築後 30 年、40 年を経過して老朽化が進んでいる建築物も多く、その維持管理が大きな課題となっています。

　外壁の落下による死傷や床に生じた段差が原因の転倒による負傷など、建築物の不具合が原因となる事故も発生しています。これらの事故は、建築物の劣化が原因となっていることが多く、そのような状態を放置したことで施設管理者の責任が問われる事例もあります。

　建築物を良好な状態に維持し、利用者に安全で快適な環境を提供することは施設管理者の責務です。建築基準法などの法令に定められた定期の点検だけではなく、現場の施設管理者が日常的に建築物の劣化状況を判定し、必要な場合には速やかに適切な対応を取ることが求められています。こうしたことから、公共建築物の施設管理者へ向けて、建築物の簡易な劣化判定に用いることのできるハンドブックとしての役割を目指し、「施設管理者のための建築物の簡易な劣化判定ハンドブック　【平成 31 年版】」を平成 30 年 12 月に発刊いたしました。

　一方、公共建築物の施設管理をより広い視点でとらえると、劣化以外の建築物の使用上の不注意により、建築物の本来の機能を損ねている事例もあること、そして、近年の火災や地震による被災事例から防災性能の確保も喫緊の課題となっています。このため、それらも取り込み、より使い勝手よく構成も見直し、この度【令和 5 年版】として改訂し、発刊することといたしました。

　公共建築物の施設管理者の多くの方々は、事務系職員であるため、本書においては技術的な専門用語について平易な解説を加え、劣化判定の準備から記録、その後の対応までの一連の作業を支援するものとしています。

　建築保全センターでは、建築基準法に基づく点検及び官公庁施設の建設等に関する法律に基づく点検・確認について解説した「国の機関の建築物の点検・確認ガイドライン」を発刊しており、本書とあわせてご利用いただければ幸いです。

令和 5 年 10 月
一般財団法人　建築保全センター
理事長　奥田　修一

目　次

参考資料

劣化判定シート

各部の名称

本書及び本編の構成

第 I 編　劣化判定の進め方

□劣化判定の進め方
　劣化判定の事前の準備、判定作業の実施、結果の記録まで、一連の進め方について解説しています。
□劣化による建築物への支障とその対応の例
　雨漏り、落下、その他代表的な劣化による支障とその対応の例について解説しています。
□参考資料
　用語索引、関係法令を掲載しています。

第 II 編　劣化判定シート

□劣化判定総括表
　記録様式として、劣化判定総括表と関係写真の記入要領・記入例を掲載しています。
□劣化判定シート
　支障の内容ごとに、建築物の各部・設備機器に生じる代表的な劣化状況について、判定の目安となる写真と対応例を掲載しています。

第 III 編　各部の名称

□各部の名称
　建築物の各部分の名称について、部材や仕上げ材料、設備機器ごとに、代表的な写真とともに簡潔に説明しています。
　設備システム（電気設備・機械設備）についても、システムの概念図を掲載して説明しています。

1．本書の使用に当たって

　本書は、公共建築物の施設管理者の方々へ向けて、建築物の簡易な劣化判定の方法について、次のようにまとめてあります。

1.1 建築物の劣化とは
　建築物の各部の劣化は、安全性や利用に当たっての様々な支障を招き、執務者、施設利用者や施設周辺の方々に被害が及ぶおそれがあります。施設管理者は、事故等を未然に防ぐためにも建築物の劣化状況を日常的に把握して対応することが必要です。いくつかの事例を紹介します。
　　◆仕上材や付属物の落下
　　　　経年劣化等により建築物の外壁からタイル・コンクリート等が落下する事故が発生しています。落下による人命への被害のおそれもあります。未然に落下の兆候を発見し、対応することが大切です。
　　◆防災設備の動作不良
　　　　避難誘導灯の不点灯は非常時の避難の遅れにつながります。防火扉の閉鎖不良は火災時の火災の拡大につながります。常日頃から、万一の火災への備えを確認して対応することが大切です。
　　◆衛生環境の悪化
　　　　冷却塔の薬液不足等はレジオネラ属菌の発生による健康被害に、また、空調機の作動不良は温湿度の調整不良や外気の取り入れ不足等につながり、空気環境を悪化させ、場合によっては健康被害にもつながる原因となります。衛生環境を良好に保つために、機器の動作状態を確認して対応することが大切です。

1.2 劣化判定について
　建築物の劣化には、そのまま経過観察としても実質的な支障を招かないレベルのもの、補修等の何らかの対応を行わないと執務者、施設利用者や施設周辺の方々に被害が及ぶおそれがあるものといったレベルがあります。したがって、劣化を把握した際には、建築物に何らかの支障が生じているのか、また何らかの対応が必要か否かを判定することが大切です。
　本書では、施設管理者が、劣化状況とその対応を４段階で判定することを目指しており、これを「劣化判定」と呼ぶことにします。
　「劣化判定」は、各部個別に、「支障なし」、「経過観察」、「要相談」、「即対応」の４段階で判定します。各段階は次のように考えています。

2

各部個別の劣化判定	
判定	状況
支障なし	劣化はない、あるいは経年変化はありますが、建築物の利用にあたって支障はありません。現状維持としてください。
経過観察	劣化は認められますが、建築物の利用にあたって支障はありません。劣化の進行に対して経過を観察してください。
要相談	劣化が認められ、建築物の利用にあたって支障が生じる、あるいは生じるおそれがあります。したがって、支障を取り除く何らかの措置が必要です。判断に悩むときは、専門家に相談してください。また、措置については、状況に応じて専門業者に連絡してください。
要相談（即対応）	上記の状態であり、速やかな対応が必要ですので、直ちに専門業者に連絡してください。
即対応	建物の使用上の不備により、通常時又は非常時に本来の機能が発揮できないおそれがあります。したがって、支障を取り除く対応が直ちに必要です。

　本書では、施設管理者自らが劣化判定を行うことができるように、「第Ⅱ編　劣化判定シート」において、建築物の機能や性能に影響のある支障の内容ごとに、建築物の各部分の代表的な劣化の例を写真で示し、その劣化による支障と対応の例を掲載しています。建築物の各部分については、「第Ⅲ編　各部の名称」で図と写真に簡潔な解説を加えています。

　ご自分で判断がつかないときには、専門家の意見を聞くことも大切です。その際、本書の事例写真も活用していただくことは、双方の意思疎通にとってたいへんに有効です。

　なお、建築物の劣化状況の把握には、次のような方法があります。
①　施設管理者が自ら行う日常的な見回り
②　法定点検の受注者又は実施者からの報告
③　保全業務（清掃業務、警備業務、維持管理業務など）の受注者からの報告
④　施設の利用者（職員や来庁者）や施設周辺の方々からの指摘、苦情

　こうして把握した劣化に対して、随時又は定期的に劣化判定を行い必要な対応を行うことで、事故を未然に防ぐことができます。

1.3 劣化判定の項目について

　建築物の劣化判定の項目は、建築物の機能や性能の確保に影響を及ぼす支障の内容によって整理するとわかりやすいと言えます。本書【令和5年版】では、次の表のように整理し、建築物の機能や性能に関わる重要度＝劣化判定の優先度を「★★」又は「★」であわせて示しました。

★★：建築物の機能や性能にとって、特に重要な項目
★　：建築物の機能や性能にとって、重要な項目
※　：建築基準法第12条に基づく点検・調査の対象となっている項目に〇（但し、対象となっている項目を網羅しているわけではありません。）

対象項目		建築基準法対象※
1.　雨漏り・浸水のおそれ		
（1）屋上・屋根	★★屋上防水層（露出防水）	
	★★屋上防水層（保護防水）	
	★★屋根（金属板葺）	
	排水溝	
	★ルーフドレン	
	とい	
	笠木（モルタル、コンクリート、金属製）	
（2）外壁	★★外壁（コンクリート打放し仕上げ）	
	★★外壁（タイル張り仕上げ）	
	★★外壁（シーリング）	
	★★外壁（塗り材仕上げ）	
	★★外壁（モルタル、塗り材仕上げ）	
	★★外壁（ALC板塗り材仕上げ）	
（3）外部建具（窓等）	★★外部建具（アルミ製）	
	★★外部建具（スチール製）	
	★★外部建具（ガラスブロック）	
（4）外構	屋外排水溝	〇

対象項目		建築基準法対象※
2. 落下等のおそれ		
（1）外壁、庇	★★外壁（タイル張り仕上げ）	○
	★★外壁（モルタル仕上げ）	○
	★★庇	○
（2）外部付属物	広告板	○
	広告塔	○
	煙突	○
（3）天井、懸垂物	★★天井	○
	★★天井点検口	
	★★懸垂物等	○
（4）塀	★★塀（補強コンクリートブロック（CB）造）	○
	塀（鉄筋コンクリート造）	○
	ネットフェンス	
（5）擁壁、門扉	擁壁	○
	門扉	○
3. 通行等に支障のおそれ		
（1）内部床、屋内階段	★床仕上材（ビニル床シート）	
	★床仕上材（ビニル床タイル）	
	★床仕上材（タイル張り）	
	★床仕上材（タイルカーペット）	
	★二重床	
	★階段滑り止め	○
（2）扉	★扉	
	★自動扉	
（3）敷地内通路、駐車場	通路	
	スロープ	
	駐車場	
（4）手すり	★屋内階段	○
	★屋外階段	○
	★屋上、ベランダ・バルコニー	
（5）内壁、幅木	内壁（ボード）	
	内壁（タイル、モルタル）	
	幅木	

対象項目		建築基準法対象※
4. 案内誘導等に支障のおそれ		
（1）案内表示	案内表示	
（2）視覚障害者誘導用ブロック等	★外部通路	
	★内部床、屋内階段	
	★点字表示	
（3）インターホン、トイレ等呼出装置	インターホン	
	★★トイレ等呼出装置	
5. 非常時の避難等に支障のおそれ		
（1）防火扉、防火シャッター	★★防火扉	○
	★★防火シャッター	○
（2）防煙垂れ壁	★★防煙垂れ壁（固定式）	○
	★★防煙垂れ壁（可動式）	○
（3）避難通路・避難出口、非常用進入口	★★避難通路・避難出口	○
	★★非常用進入口	○
（4）自動火災報知設備、屋内消火栓・屋外消火栓・連結送水口	★★自動火災報知設備（自火報）	○
	★★屋内消火栓・屋外消火栓・連結送水口	○
（5）非常用照明、誘導灯	★★非常用照明	○
	★★避難口誘導灯、通路誘導灯	○
（6）排煙口・排煙窓、排煙機	★★排煙口・排煙窓（自然排煙）	○
	★★排煙機（機械排煙）	○
6. 停電・感電のおそれ		
（1）受変電設備、太陽光発電装置	★★受変電設備	
	太陽光発電装置	
（2）分電盤、コンセント	分電盤	
	コンセント	
（3）照明器具（屋内、屋外）	★照明器具（屋内）	
	照明器具（屋外）	
（4）外灯、構内配電線路	外灯	
	構内配電線路	
（5）自家発電装置、直流電源装置	★★自家発電装置	○
	直流電源装置（蓄電池）	○

対象項目		建築基準法対象※
7. 室内環境に支障のおそれ		
（1）熱源機器、空気調和設備、ダクト	★★熱源機器（冷凍機、冷却塔、ボイラー等）	
	★★空気調和設備（空調機）	
	★★空気調和設備（屋外機、ファンコイルユニット）	
	ダクト	
（2）換気設備	★★換気設備（送風機）	○
	★★換気設備（換気扇等）	○
8. 衛生環境に支障のおそれ		
（1）給排水設備、給排水配管	★★給排水設備	○
	★★給排水配管	○
（2）衛生器具、ガス湯沸器	★衛生器具	○
	★★ガス湯沸器	○
9. 業務実施等に支障のおそれ		
（1）拡声装置、テレビ共同受信設備	拡声装置（スピーカー）	
	テレビ共同受信設備（アンテナ）	
（2）端子盤、監視カメラ	端子盤	
	監視カメラ	
10. 誤作動による事故のおそれ		
（1）エレベーター、エスカレーター	★★エレベーター	○
	★★エスカレーター	○
（2）小荷物専用昇降機	★★小荷物専用昇降機	○
11. 耐震性・耐久性に支障のおそれ		
（1）構造部材（木造）	★★基礎・土台	○
	★★柱、緊結金物	○
	★★梁、緊結金物	○
（2）構造部材（鉄骨造）	★★基礎	○
	★★柱、梁、耐火被覆	○
	★★接合部	○
（3）構造部材（鉄筋コンクリート造）	★★基礎	○
	★★柱、梁	○
	★★壁、床	○
12. 点検・清掃等に支障のおそれ		
丸環、タラップ	丸環	
	タラップ	

2．劣化判定の進め方

　建築物の劣化判定の作業は、概ね次のように進めます。

2.1 年間スケジュールの検討
↓
2.2 判定項目の選定
↓
2.3 事前の準備
↓
2.4 判定作業の実施
↓
2.5 結果の記録

2.1 スケジュールの検討

　年度当初に1年間のスケジュールを検討します。国や地方公共団体においては修繕工事等の予算要求がひとつのポイントとなりますので、予算要求へ向けたスケジュールの例を示します。

例1（国の機関の例）		例2（要求時期が10月の 地方公共団体の例）	
4月 ↓	スケジュール検討	4月 ↓	スケジュール検討
6月～12月 ↓	法定点検実施	5月～7月 ↓	法定点検実施
1月～2月 ↓	施設管理者による 劣化判定の実施	7月～8月 ↓	施設管理者による劣化 判定の実施
3月 ↓	点検・劣化判定結 果のとりまとめ	9月 ↓	点検・劣化判定結果の とりまとめ
5月 ↓	修繕工事等の予算 要求書作成	10月	修繕工事等の予算要求 書作成
8月	概算要求		

　スケジュールは、各種法定点検ともあわせて検討します。できれば、年度ごとの保全計画として施設管理者の行う業務にきちんと位置付けるとよいでしょう。
　劣化判定は、一日で完了させる必要はありません。日常点検や各種点検と実施時期を合わせるなど、効率的に実施してください。

2.2 判定項目の選定

　次に、判定項目を選定します。

　対象となる項目は「1.3 劣化判定の項目について」に示す表の「対象項目」により、該当する部材や機器の有無によって選定してください。

　表中、青字の項目は建築基準法による点検又は調査・検査の対象となっていますので、建築基準法の点検等の結果を用いる場合には、自ら劣化判定を行う必要はありません。法定点検の結果を用いることにより、負担を減らすことができます。

　なお、建築基準法第12条に基づく調査・点検は、建築物の部位については多くの施設では3年ごと、多くの設備については1年ごとと決められています※。しかし、建築物の部位については3年の間に劣化が発生したり進んだりすることもありますので、少なくとも1年に一度は劣化状況の判定を行うようにしましょう。

　選定した項目は、2.5 結果の記録に示す「劣化判定総括表」の対象欄にチェックをして、判定の対象項目であることを明らかにして下さい。

※地方公共団体によって指定されている場合があるので、注意してください。

2.3 事前の準備

　日時が近づいたら、判定の順番や回るルートなど具体的な進め方を検討し、必要な器具、記録用紙などを準備します。簡単でもよいので、当日の進め方を書き出しておくとよいでしょう。

項目	計画（赤字は計画例）
日時	令和○年○月○日（○）13 時〜15 時
判定項目	屋上、外壁、駐車場、各階の扉・窓、床・階段、壁・天井
判定の順路	2 階総務課→屋上→塔屋→4 階→3 階→2 階→1 階→駐車場→建築物外周 （図面に順路を記載すると、見忘れがなくなります。）
担当者	総務課庶務係　保全 良子、管理 太郎
器具	双眼鏡、懐中電灯、打診棒、記録用紙、カメラ、腕章
備考	雨天、強風の場合は内部のみとし、外部は延期する。

　現場へ出て、建築物の各部を確かめるときには、ヘルメットなどの安全具と懐中電灯などの器具や記録用紙の準備が必要です。

(1) 安全具の準備

　安全の確保が最重要です。そのために、必要に応じてヘルメットや安全帯を準備してください。

　落下物の危険がある箇所や高さの低い箇所へ入るときには、ヘルメットを着用してください。

　また、転落のおそれがある高所での劣化判定は、双眼鏡などによる目視とするか、又は専門家に依頼するなど、危険をできるだけ避けるようにします。どうしても必要な際には安全帯を着用し、確実に安全な場所にフックをかけるなど、十分注意してください。

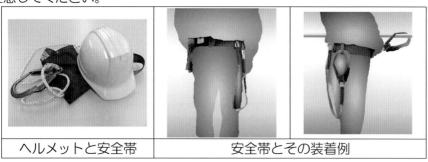

ヘルメットと安全帯	安全帯とその装着例

⑵ 器具の用意
 ① ［目視］のための器具
　　直接目で見るだけでなく、高所のひび割れ等を目視するには、双眼鏡を用います。また、点検口の中などの暗所を確認する場合は懐中電灯などが必要になります。

 ② ［打診］のための器具
　　目視ではわかりにくい浮きは、健全な箇所と叩いたときの音が異なるので、打診により判断が可能です。右の写真のような専用の打診棒が販売されているので用意してください。確認の際の落下を防止するために、打診棒には紐などをつけておくとよいでしょう。

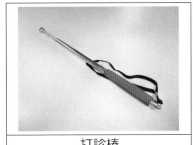
打診棒

 ③記録のための器具
　　記録は、メモ帳などへの記載のほか、写真を残しておくことも大切です。過去の写真から劣化の進み具合を判定することもできますので、毎回できるだけ同じアングルで撮影することもポイントとなります。また、調査中であることが来庁者などへわかるように、腕章などを着用することも場合によっては必要になります。

メモ帳、腕章

 ④その他の器具
　　その他、巻尺やクラックスケールなどがあると便利なことがあります。必要に応じて用意してください。
　　クラックスケールとは、き裂（＝クラック、ひび割れ）の幅を測定するためのスケールです（右写真）。き裂は幅によって劣化の状況が異なります。第Ⅱ編劣化判定シートの巻末にもつけています。

クラックスケール

2.4 判定作業の実施

(1) 劣化判定の方法

　劣化判定は、「1.3 劣化判定の項目について」に示す項目に対して、支障の内容の観点から劣化判定シートの写真を参考に行ってください。

　また、法定点検の結果があれば、それを優先してください。関係する法定点検は参考資料に示します。

　建築基準法に基づく点検など、法定点検は総括的な機関や組織（例えば、国の場合には本局、地方公共団体の場合には所管課など）が外部委託を行っていることがあります。したがって、法定点検の結果の有無を関係部署に確認するようにしてください。

　劣化判定の際には、劣化判定シートを現場へ持参して写真を参考にしながら判定を行います。建築物の各部を実際に見たり、触ったり、作動させてみるなどして確かめることが必要です。確かめる方法としては、次のような方法があります。

［目視］	部材の汚損、損傷、腐食（錆）、変形や脱落等がないことを目で見て確かめます。必要に応じて双眼鏡等を使用してください。	
		双眼鏡による目視の例
		懐中電灯による目視の例

［測定］	必要に応じて、き裂の幅や劣化が生じている箇所の長さや面積を測ります。 クラックスケールによる測定例	
［歩行確認］	歩行可能な場所において、歩行時の感触等により下地や仕上材が浮いているかどうかなどを確かめます。	
［打診］	目視では確かめることが難しい仕上材等の浮きやき裂を打診棒などで叩いた時の音で確かめます。打診は、安全上支障がない範囲で行います。 打診棒による打診の例	
［作動確認］	扉等が開閉することや設備機器が操作通りに作動することを確かめます。	

［触診］	機器や部材等の固定に緩みやがたつきがないことを触って確かめます。触診は安全上著しい支障がない範囲で行います。劣化が著しく落下のおそれのある部材や、建築設備における感電のおそれがある箇所、巻き込まれるおそれがある動作部分には絶対に触れないでください。	
［聴診］	扉等の開閉時や設備機器の作動時に異音がしないことを確かめます。	
［臭診］	異臭がしないことを確かめます。明らかな異臭については、速やかに専門家に相談してください。	

(2) 作業実施上の注意事項

　次のような箇所は、判定を省略するか、省略できないときは専門家に依頼します。

　A) 被覆材で覆われている柱、はり等の構造部材
　B) 点検口のない天井裏又は容易に出入りできる点検口のない床下にあるもの
　C) 通電されていて確認することが危険である場所にあるもの
　D) 地中又はコンクリート等の中に埋設されているもの
　E) 運転を停止しなければ確かめられない機器で、停止させることが極めて困難な状況にあるもの
　F) 運転を停止することが極めて困難な状況にある機器が付近に存在し、確かめることが危険である場所にあるもの
　G) 目視では確かめることが困難である場所にあるもの（足場の必要な外壁面、給排気塔、煙突、鉄塔、広告塔等）
　H) 屋外排水設備のます等で水中に没している部分
　I) その他物理的理由又は安全上の理由などから確かめることが困難な場所にあるもの

(3) 現場における注意事項

　現場における安全上の注意事項について、説明します。

①高所での判定

　触診や打診は危険がない範囲で行ってください。

　例えば屋上やバルコニー手すりなどのぐらつきなどを確かめる際には、転落に十分気をつけてください。明らかに危険と思われる場合には、工事業者などに対策を指示してください。

　また、脚立やはしごを用いるときは、脚立の天端には乗らない、補助者をおくなど転落の防止に十分注意してください。

　さらに、記録撮影用のカメラや携帯電話を、胸ポケット等に入れている場合、落下させないように十分注意して下さい。

②床下など狭く閉鎖された空間での判定

　ヘルメットを着用するなど、頭をぶつけないように注意してください。
　また、異臭や酸欠等に注意してください。

③設備機器の判定

　設備機器の判定を行う際は、巻きこまれや感電に注意が必要です。

特に注意すべき箇所の例		
むき出し状態	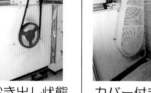カバー付き	左の写真は、本来であればカバーが付いているベルトがむき出しになった状態です。動作部にネクタイなどの衣類が巻き込まれないように、また動作部に直接肌が触れないよう長袖を着用するなど、服装にも十分注意してください。
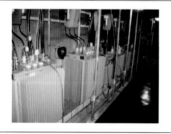		この写真のように、開放型の受変電設備が置かれた電気室には立ち入らないようにし、電気主任技術者に支障の有無を確かめるようにしてください。
		この分電盤のように、電気が通っている部分（「充電部*」と言います。）がむき出しになっている場合には、感電を避けるため絶対に触らないでください。 * 充電部：感電・短絡・地絡で危険が発生する可能性がある部分
		石綿（アスベスト）を使用していることが判明しており、飛散が確認されている部屋についても立ち入らないようにしてください。

2.5 結果の記録

(1) 記録の様式

　本書では記録の様式として、【劣化判定総括表】と【関係写真】を用意していま<u>す。判定後に、劣化判定シートに基づき判定結果の概要をまとめて記載します。</u>
　また、法定点検の結果があれば、それも記載します。

　【劣化判定総括表】と【関係写真】の様式を次ページ以降に示します。記入要領及び記入例は「第Ⅱ編　劣化判定シート」に掲載しています。

　この様式は、一般財団法人建築保全センターのホームページからダウンロードすることができます（word 形式及び PDF 形式、A5 版及び A4 版）。
https://www.bmmc.or.jp/gyoumu5/gyoumu5-2/index.html
ホーム＞発行図書＞発行図書関係電子データ一覧
パスワード　BMMCR5kkrhhb

(2) 劣化判定総括表
【劣化判定総括表】

施設名称 _____　実施日 _____

担当者（所属、氏名）

区分	対象項目	状況	対象	判定	支障の内容等
1. 雨漏り・浸水のおそれ	（1）屋上・屋根		☐		
	（2）外壁		☐		
	（3）外部建具（窓等）		☐		
	（4）外構		☐		
2. 落下等のおそれ	（1）外壁、庇		☐		
	（2）外部付属物		☐		
	（3）天井、懸垂物		☐		
	（4）塀		☐		
	（5）擁壁、門扉		☐		
3. 通行等に支障のおそれ	（1）内部床、屋内階段		☐		
	（2）扉		☐		
	（3）敷地内通路、駐車場		☐		
	（4）手すり		☐		
	（5）内壁、幅木				
4. 案内誘導等に支障のおそれ	（1）案内表示		☐		
	（2）視覚障害者誘導用ブロック等		☐		
	（3）インターホン、トイレ等呼出装置		☐		
5. 非常時の避難等に支障のおそれ	（1）防火扉、防火シャッター		☐		
	（2）防煙垂れ壁		☐		
	（3）避難通路・避難出口、非常用進入口		☐		
	（4）自動火災報知設備、屋内消火栓・屋外消火栓・連結送水口		☐		
	（5）非常用照明、誘導灯		☐		
	（6）排煙口・排煙窓、排煙機		☐		

区分	対象項目	状況	対象	判定	支障の内容等
6. 停電・感電のおそれ	（1）受変電設備、太陽光発電装置		☐		
	（2）分電盤、コンセント		☐		
	（3）照明器具（屋内、屋外）		☐		
	（4）外灯、構内配電線路		☐		
	（5）自家発電装置、直流電源装置		☐		
7. 室内環境に支障のおそれ	（1）熱源機器、空気調和設備、ダクト		☐		
	（2）換気設備		☐		
8. 衛生環境に支障のおそれ	（1）給排水設備、給排水配管		☐		
	（2）衛生器具、ガス湯沸器		☐		
9. 業務実施等に支障のおそれ	（1）拡声装置、テレビ共同受信設備		☐		
	（2）端子盤、監視カメラ		☐		
10. 誤作動による事故のおそれ	（1）エレベーター、エスカレーター		☐		
	（2）小荷物専用昇降機		☐		
11. 耐震性・耐久性に支障のおそれ	（1）構造部材（木造）		☐		
	（2）構造部材（鉄骨造）		☐		
	（3）構造部材（鉄筋コンクリート造）		☐		
12. 点検・清掃等に支障のおそれ	丸環、タラップ		☐		

対象欄凡例　✓：判定の対象、－：判定の対象外、☐：未定
判定欄凡例　Ａ：支障なし、Ｂ：経過観察、Ｃ：要相談、Ｄ：即対応、未：未判定、－：該当箇所なし
（青字は建築基準法第12条又は官公法第12条に基づく法定点検の結果で判断できる項目を示します。）

(3) 関係写真
【関係写真】
施設名称 _____ 実施日 _____

担当者（所属、氏名）_____

区分			項目又は箇所	
【写真】			【状況、措置等】	

区分			項目又は箇所	
【写真】			【状況、措置等】	

区分			項目又は箇所	
【写真】			【状況、措置等】	

3. 劣化による建築物への支障とその対応の例

　ここでは、劣化により建築物の機能・性能に影響を及ぼす支障の代表的な例について、「1.3 劣化判定の項目について」で整理している項目に沿って、支障の内容、その具体的な例、支障による影響、支障への対応方法を示します。

　ここで示す内容は、国土交通省大臣官房官庁営繕部のホームページで提供されている次のパンフレット、ガイドブックも参考とし、一部の図版・写真を引用しています。

　パンフレット：支障がない状態の確認（引用している写真：※1）
　https://www.mlit.go.jp/gobuild/gobuild_tk3_000042.html

　官庁施設の施設管理者のための防災性能確保ガイドブック
　（引用している図版・写真：※2）
　https://www.mlit.go.jp/gobuild/gobuild_tk3_000008.html

　以上の他、国土交通省大臣官房官庁営繕部より提供していただいた写真も一部に掲載しており、それは※3 と表示しています。

1. 雨漏り・浸水のおそれ

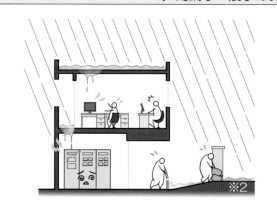

屋上や外壁からの漏水や、集中豪雨等による建物への浸水が起きた場合、建物の機能の低下や停止のおそれがある。

注意すべき箇所
屋上、屋根、外壁、外部建具

雨漏り・浸水による支障の例

天井からの漏水	天井への漏水による仕上材の脱落	外壁からの漏水による鉄筋の腐食（錆汁）と仕上材の劣化
	 ※1	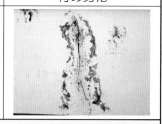

雨漏り・浸水の原因の例

ルーフドレンの排水不良	屋上防水層のはく離	外壁コンクリートのき裂
		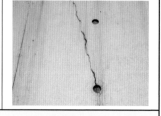

対応の例

応急	短期	中長期
排水溝、ルーフドレン等の清掃	はく離、き裂等箇所の補修	屋上防水層の修繕、改修 外壁の修繕、改修

2. 落下等のおそれ

※2

天井（特定天井*）や、天井から吊り下げられている部材・機器などの落下、あるいは壁沿いに置かれた書架等の転倒などが起きた場合、死傷事故のおそれがある。

注意すべき箇所

外壁、庇、外部付属物、天井、懸垂物、塀等

落下等による支障の例

天井ボードの脱落	外壁仕上材のはく落	ブロック塀の倒壊のおそれ
 ※1		

落下等の原因の例

天井への漏水	外壁のき裂、白華	ブロックのき裂
		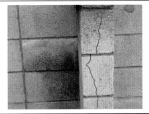

対応の例

応急	短期	中長期
下部通行禁止 通行注意表示	はく落、き裂等箇所の補修	天井、外壁等の修繕、改修 ブロック塀の撤去、新設

*特定天井：居室、廊下その他の人が日常立ち入る場所に設けられる天井の内、高さが6mを超える天井の部分で200㎡を超えるもので、天井の単位面積質量が2kg／㎡を超えるもの。

3．通行等に支障のおそれ
床や通路に浮き、損傷等がある場合、つまづきによる転倒のおそれがある。 階段の滑り止めに外れ等がある場合、つまづきによる転倒や転落のおそれがある。 手すりの損傷やぐらつきがある場合、寄りかかったりすると転落のおそれがある。

注意すべき箇所	内部床、階段、敷地内通路、手すり等

通行等に支障の例		
タイルカーペットの浮き	階段の滑り止めの外れ	ベランダ手すりの腐食
	 ※1	

対応の例		
応急	短期	中長期
通行注意表示 接近注意表示	浮き、外れ、腐食等箇所の補修	床仕上げ等の修繕、改修 滑り止め、手すりの取替

3．通行等に支障のおそれ
内装仕上材に損傷やはく離がある場合、室内環境に支障の出るおそれがある。

注意すべき箇所	内壁、幅木

損傷等による通行等に支障の例		
ボードの損傷	タイルの損傷、き裂	幅木の損傷
		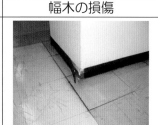

対応の例		
応急	短期	中長期
接近注意表示 はく離箇所の接着	損傷、き裂等箇所の補修	内装仕上材の張替等の修繕、改修

4．案内誘導等に支障のおそれ

案内表示に落下等が起きた場合、通行への支障となるおそれがある。

案内表示が見にくい場合、利用者への案内誘導の支障となるおそれがある。

視覚障害者用誘導ブロックに損傷等がある場合、歩行への支障となるおそれがある。

インターホンが使用できなかった場合、特に障害者の案内誘導に支障となるおそれがある。

トイレ等呼出装置が使用できなかった場合、緊急時に速やかに救助できないおそれがある。

注意すべき箇所	案内表示、視覚障害者誘導用ブロック、インターホン、トイレ等呼出装置

案内誘導等への支障の例

案内表示の脱落	案内表示の劣化	誘導ブロックの欠損
		 ※1

インターホン利用の支障の例

通話不良等がある	障害物によるインター	呼出不良等がある
インターホンの損傷	ホンの通話困難	呼出装置の配線カバーの損傷

対応の例

応急	短期	中長期
代替表示による誘導等 障害物の撤去 作動不良等の注意喚起 表示	作動不良、損傷等箇所の補修	案内表示の塗替、取替 インターホン、呼出装置の取替

5. 非常時の避難等に支障のおそれ

※2

※2

防火扉・防火シャッターは、火災発生時に、防火区画等の開口部を閉じて、炎や煙の拡大を防ぐ建具である。それらの閉鎖不良等があった場合、火災の拡大を招くおそれがある。

廊下や階段は、建物用途や規模によって、その幅や二方向の避難経路などがそれぞれ定められており、災害発生時には、多くの人が同時に安全な場所へ避難する経路となる。障害物等があった場合、避難の支障となるおそれがある。

注意すべき箇所	防火扉、防火シャッター、避難通路・避難出口

非常時の避難等に支障の例		
障害物による 防火扉の閉鎖不良	障害物による防火シャッターの閉鎖不良	避難出口付近の障害物による避難困難
※2	※2	※2

対応の例		
応急	短期	中長期
障害物の撤去 物品等放置禁止の表示	損傷等箇所の補修	扉、シャッターの取替

5. 非常時の避難等に支障のおそれ

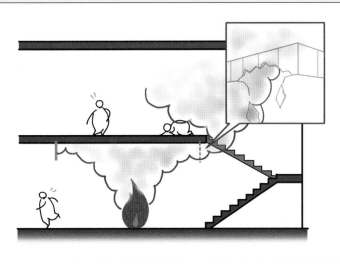

※2

防煙垂れ壁は、火災発生時において、煙の流動を防ぐため、天井から50㎝以上突出した不燃材でできた下がり壁である。その不具合があった場合、煙の拡散により、避難の支障となるおそれがある。

注意すべき箇所	防煙垂れ壁（固定式、可動式）

非常時の避難等に支障の例	
障害物による手動閉鎖装置の操作困難	防煙垂れ壁のき裂
※2	※2

対応の例		
応急	短期	中長期
障害物の撤去 物品等放置禁止の表示 ガラスのテーピング	き裂等箇所の補修	防煙垂れ壁の取替

5. 非常時の避難等に支障のおそれ

※2

非常用進入口は、災害発生時に、外部から消防隊が建物内に進入するための窓やベランダ・バルコニーに設置した扉である。開放不良があった場合、救助の支障となるおそれがある。

注意すべき箇所	非常用進入口

非常時の避難等に支障の例

進入口周りの障害物による消防隊の進入困難

対応の例

応急	短期	中長期
障害物の撤去 物品等放置禁止の表示	開放不良等の補修	建具の取替

5. 非常時の避難等に支障のおそれ

自動火災報知設備（自火報）は、火災発生を自動的に検出し建物内に知らせる警報設備である。火災発生時に、自動火災報知設備が作動しなかった場合、火災拡大のおそれがある。

消火栓は、初期の消火活動を行うための消火設備である。火災発生時に、屋内消火栓や屋外消火栓が使用できなかった場合、火災拡大のおそれがある。

注意すべき箇所	自動火災報知設備（自火報）、屋内消火栓・屋外消火栓・連結送水口

非常時の避難等に支障の例		
障害物による自火報の操作困難	障害物による連結送水口への接近困難	点灯不良、作動不良等がある
		表示灯の点灯不良

対応の例		
応急	短期	中長期
障害物の撤去 表示灯の電球交換	腐食等の補修	設備の更新等の修繕、改修

5. 非常時の避難等に支障のおそれ

※2

非常用照明は、予備電源を設け、火災発生時等に建物内が停電した際に自動的に点灯し、安全な避難を助ける照明器具である。点灯不良があった場合、避難の支障となるおそれがある。

誘導灯には避難口誘導灯、通路誘導灯等があり、常時点灯して火災発生時等に建物内が停電した際に安全な避難を助ける誘導表示である。点灯不良や視認不良があった場合、避難の支障となるおそれがある。

注意すべき箇所	非常用照明、誘導灯

非常時の避難等に支障の例

障害物による 誘導灯の視認不良	点灯不良等がある	点灯不良、視認不良等 がある
	電球の不装着、バッテリー 切れ等による点灯不良	誘導灯の変色による視 認不良
※2	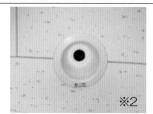※2	※2

対応の例

応急	短期	中長期
障害物の撤去 電球の装着、交換 バッテリーの交換	変色等の補修 カバーの取替	照明器具の取替 蛍光灯は LED へ改修

5. 非常時の避難等に支障のおそれ

※2

排煙口・排煙窓は、火災発生時において、煙を屋外に排出させる役目を持つ、手動で開放できる窓である。

排煙機は、火災発生時において、煙を屋外に排出させる役目を持つ、手動で起動できる設備である。

それらに不具合があった場合、煙の充満により、避難の支障となるおそれがある。

注意すべき箇所	排煙口・排煙窓（自然排煙）、排煙機（機械排煙）

非常時の避難等に支障の例	
障害物による手動開放 装置の操作困難	開閉不良等がある
	手動開放装置の変形・損傷、ワイヤー切れ、窓の固着
※2	 

対応の例		
応急	短期	中長期
障害物の撤去	変形、損傷等の補修	手動開放装置の取替等 の修繕、改修

6. 停電・感電のおそれ

停電が起きた場合、建物の機能の低下や停止のおそれがある。
コンセントに損傷がある場合、感電による死傷事故のおそれがある。

注意すべき箇所	受変電設備、分電盤、コンセント、照明器具、自家発電装置等

停電・感電のおそれの例

異音、異臭等がある	異臭、発熱等がある	通電不良等がある
受変電機器キャビネット外板の腐食（錆）	盤類の腐食	コンセントの損傷
		※3
異臭、発熱等がある	起動不良、水漏れ、油漏れ等がある	液漏れ等がある
照明器具の損傷	自家発電装置の腐食（錆）	蓄電池電解液の液漏れ
※3		

対応の例

応急	短期	中長期
使用禁止等措置 異音、異臭等は専門業者に連絡	腐食（錆）、損傷等箇所の補修	機器の更新等の修繕、改修

7. 室内環境に支障のおそれ		
熱源機器（冷凍機、冷却塔、ボイラー等）、空気調和設備（空調機、屋外機、ファンコイルユニット）やダクトに作動不良等がある場合、室内の空気環境に支障が出るおそれがある。		
注意すべき箇所	熱源機器（冷凍機、冷却塔、ボイラー等）、空気調和設備（空調機、屋外機、ファンコイルユニット）、ダクト等	
空気環境に影響を及ぼす支障の例		
異音、異臭、異常振動、作動不良等がある	異音、異臭、異常振動、作動不良等がある	異音、異臭、異常振動、空気の漏れ等がある
冷却塔の不良	屋外機の腐食	ダクトの漏気
		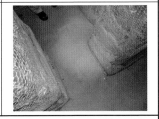
対応の例		
応急	短期	中長期
運転停止	腐食等の補修 損傷（漏気）等の補修	機器、ダクトの更新等の修繕、改修

8. 衛生環境に支障のおそれ		
給排水設備、給排水配管、衛生器具に劣化等がある場合、衛生環境に支障のおそれがある。 ガス湯沸器が正常に作動しない場合、給湯への支障だけでなく、ガス漏れのおそれもある。		
注意すべき箇所	給排水設備、給排水配管、衛生器具、ガス湯沸器	
衛生環境に影響を及ぼす支障の例		
給排水不良等がある	給排水不良等がある	ガス湯沸器に作動不良、異音、異臭、ガス臭等がある
給水の変色（赤水）	小便器の排水不良	機器の腐食
※3		
対応の例		
応急	短期	中長期
使用禁止 ガス臭の場合はガス栓を閉止し、退避とともに、ガス事業者に連絡	機器の腐食等の補修 給排水配管の補修 ガス器具の場合は検査の依頼	機器・配管の更新等の修繕、改修

9. 業務実施等に支障のおそれ

拡声装置が作動しなかった場合、必要な情報の周知ができないおそれがある。
テレビ共同受信装置が機能しなかった場合、必要な情報の収集ができないおそれがある。
端子盤は、主に情報通信配線を接続・分配する箱である。端子盤に不具合がある場合、情報通信に支障が出るおそれがある。
監視カメラが機能しなかった場合、警備等に支障が出るおそれがある。

注意すべき箇所	拡声装置、テレビ共同受信設備、端子盤、監視カメラ	
業務実施に影響を及ぼす支障の例		
作動不良、画像の乱れ等がある	異音、異臭、発熱等がある	異音、異臭、発熱、作動不良、モニターの画像不良等がある
アンテナの損傷	盤の腐食（錆）	カメラの腐食（錆）

対応の例		
応急	短期	中長期
―	作動不良、腐食（錆）等の補修	機器の取替等の修繕、改修

10. 誤作動による事故のおそれ		
エレベーター、エスカレーター、小荷物専用昇降機等に誤作動がある場合、人身事故のおそれがある。		
注意すべき箇所	エレベーター、エスカレーター、小荷物専用昇降機	
誤作動による事故のおそれがある支障の例		
異音、作動不良等がある		
走行中の異音、誤作動などがある	かご床の段差（大） 	扉の変形、隙間 
対応の例		
応急	短期	中長期
使用禁止措置とともに、専門業者に連絡	作動不良等の補修	機器の更新等の修繕、改修

11．耐震性・耐久性に支障のおそれ		

構造部材にき裂、腐朽、腐食（錆）等がある場合、建築物の耐震性・耐久性に支障のおそれがある。

注意すべき箇所	木造	基礎・土台、柱、梁、それらの緊結金物
	鉄骨造	基礎、柱、梁、それらの接合部、耐火被覆
	鉄筋コンクリート造	基礎、柱、梁、壁、床

建築物の耐震性・耐久性に影響を及ぼす支障の例		
木造	鉄骨造	鉄筋コンクリート造
土台の腐朽、蟻害	基礎の損傷、腐食（錆）	基礎周辺の沈下
	※1	※8
緊結金物の腐食（錆）	梁の耐火被覆のはく落	コンクリートの爆裂

対応の例		
応急	短期	中長期
下部通行禁止	き裂、腐朽、腐食（錆）、損傷等箇所の補修 防蟻処理	部材の補強・取替等の修繕、改修

12. 点検・清掃等に支障のおそれ

丸環やタラップに腐食（錆）や損傷等がある場合、点検・清掃等の際の安全確保に支障が出るおそれがある。

注意すべき箇所	屋上の丸環、塔屋や外壁のタラップ

点検・清掃等に影響を及ぼす支障の例

丸環の変形	タラップの変形	タラップ取付部のき裂

対応の例

応急	短期	中長期
使用禁止	変形、き裂等箇所の補修	丸環、タラップの取替等の修繕、改修

参考資料

1.関係法令

　建築物は、用途や規模などにより様々な点検が法令によって義務付けられています。施設管理者は点検を適切に実施し、建築物を安全で快適な状態に保つようにすることが必要です。

　なお、詳細は「国家機関の建築物等の点検」パンフレット（国土交通省大臣官房官庁営繕部発行）や「国の機関の建築物の点検・確認ガイドライン（令和5年版）」（（一財）建築保全センター発行）を参照してください。

　　国土交通省大臣官房官庁営繕部、官庁施設の保全HP
　　https://www.mlit.go.jp/gobuild/gobuild_tk6_000046.html
　　（一財）建築保全センター、発行図書HP
　　https://www.bmmc.or.jp/gyoumu5/index.html

(1) 主な関係法令一覧

- □ 建築基準法［略称：建基法］
- □ 官公庁施設の建設等に関する法律（国の建築物に限る。）［略称：官公法］
- □ 国家公務員法人事院規則１０－４（職員の保健及び安全保持）（国の建築物に限る。）
　　［略称：人事院規則］
- □ 建築物における衛生的環境の確保に関する法律［略称：建築物衛生法］
- □ 消防法
- □ 電気事業法
- □ ガス事業法
- □ 高圧ガス保安法
- □ 浄化槽法
- □ 水質汚濁防止法
- □ 水道法
- □ ダイオキシン類対策特別措置法
- □ 大気汚染防止法
- □ 廃棄物の処理及び清掃に関する法律
- □ フロン類の使用の合理化及び管理の適正化に関する法律［略称　フロン排出抑制法］
- □ エネルギーの使用の合理化等に関する法律
- □ 建築物の耐震改修の促進に関する法律
- □ 高齢者、障害者等の移動等の円滑化の促進に関する法律

　地方公共団体によっては、条例により点検項目や内容が強化されている場合があります。建築物の所在する都道府県や市町村の条例等を確認してください。

(2) 建基法による点検（都道府県及び建築主事を置く市町村の場合）

特定行政庁となっている地方公共団体の場合には、建基法第 12 条第 2 項及び第 4 項により、用途や規模（図 1 参照）によって定期点検が義務づけられています。点検には一級建築士等の資格者によることが必要です。

(3) 建基法による調査・検査（建築主事を置かない市町村の場合）

特定行政庁以外の地方公共団体の場合には、建基法第 12 条第 1 項による調査及び第 3 項による検査、そしてその結果を特定行政庁へ報告することが、建築物の用途や規模（図 1 参照）によって義務づけられています。調査・検査には一級建築士等の資格者によることが必要です。

(4) 建基法と官公法による点検（国の建築物の場合）

国の建築物については、より高度な安全性が求められるため、官公法によってより小規模の建物にも点検が義務付けられています。点検には一級建築士等の資格者によることが必要です。

(5) 人事院規則、建築物衛生法による点検（国の建築物の場合）

民間企業等の場合、職場環境の確保に関しては労働安全衛生法によって定められていますが、国家公務員の場合にはこの法律の適用を受けず、代わりに国家公務員法に基づく人事院規則によって定められています。なお、「人事院規則 10-4（職員の保健及び安全保持）の運用について」の内容は労働安全衛生規則、事務所衛生基準規則を準用しています。

人事院規則は建物の規模によらず、該当する項目があれば、対象となります。

また、建築物衛生法の対象は、施設の延べ面積が 3,000 ㎡以上の場合となります。人事院規則と建築物衛生法には共通する点検項目もありますので確認して下さい。

(6) 官公法第 13 条に基づく支障がない状態の確認について（国の建築物の場合）

①概要

国家機関の建築物等は、その公共性の高さから、保全の基準により「支障がない状態の確認」を行うこととしています。

対象施設は、全ての国家機関の建築物等(仮設建築物を除く)となります。実施者は、施設管理者が行うこととしており、資格は不要です。

周期は、建築物の敷地及び構造について概ね 1 年、建築設備について概ね 6 ヶ月～1 年です。また、大きな外力（地震、台風等）が作用した後の確認についても定めています。

この規定は、国の建築物に適用されるものですが、地方公共団体等の建築物においても参考とできるものです。

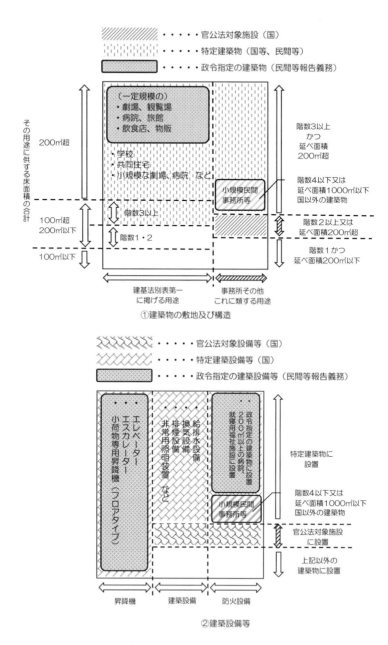

図1　建基法及び官公法による点検・調査・検査の対象

②保全の基準

「保全の基準」とは、官公法第 13 条に基づき平成 17 年に制定された次の告示です。

国家機関の建築物及びその附帯施設の保全に関する基準

平成 17 年 5 月 27 日
国土交通省告示第 551 号

官公庁施設の建設等に関する法律（昭和 26 年法律第 181 号）第 13 条第 1 項の規定に基づき、国家機関の建築物及びその附帯施設の保全に関する基準を次のように定める。

第一　各省各庁の長は、建築物の営繕又は附帯施設の建設をした際の性能に応じ、通常の使用における劣化、摩耗等の状況を勘案して、その所管に属する建築物及びその附帯施設（以下「建築物等」という。）を計画的かつ効率的に保全しなければならない。
　　　また、各省各庁の長は、国家機関の建築物及びその附帯施設の位置、規模及び構造に関する基準（平成 6 年建設省告示第 2379 号）第四の規定により定められた建築物等の使用の条件及び方法に基づき、建築物等の適正な保全に努めなければならない。
第二　国家機関の建築物等は、別表第一（い）欄に掲げる建築物の敷地及び建築物の各部等に応じ、それぞれ同表（ろ）欄に掲げる支障がない状態に保全されているものとする。
第三　国家機関の建築物等は、第二に定めるもののほか、別表第二（い）欄に掲げる当該建築物等の特性、用途及び機能が、同表（ろ）欄に掲げる建築物の敷地及び建築物の各部等に応じ、それぞれ同表（は）欄に掲げる支障がない状態に保全されているものとする。
第四　各省各庁の長は、その所管に属する建築物等を適正に保全するため、建築物の敷地及び建築物の各部等に、別表第一（ろ）欄及び別表第二（は）欄に掲げる支障があると認めたときは、必要に応じ調査をし、当該損耗部材及び損耗部品の取替え、塗装、注油等の保守その他の必要な措置を適切な時期にとらなければならない。

別表第一

（い）対象各部		（ろ）支障
建築物の敷地及び地盤面		著しいき裂、不陸、傾斜又は排水不良
構造耐力上主要な部分（建築基準法施行令（昭和25年政令第338号）第1条第3号に規定するものをいう。）	基礎	沈下、き裂その他の損傷、変形又は腐食
	木造	イ　土台の内部に及ぶ腐朽 ロ　柱、はり等に傾斜を生じさせる木部の腐朽又は緊結金物のさびその他の腐食
	組積造（補強コンクリートブロック造を除く。）	イ　れんが、石その他の組積材料間の目地及び他の材料との取合部における著しいき裂又は移動を伴う緩み ロ　建築物の傾斜又は明らかな不同沈下による変形 ハ　イ及びロに定めるもののほか、構造耐力を損なうおそれがあるき裂その他の損傷、変形又は腐食
	補強コンクリートブロック造	イ　鉄筋のさびが流れ出ているき裂その他の著しい損傷又は変形 ロ　建築物の傾斜又は明らかな不同沈下による変形 ハ　イ及びロに定めるもののほか、構造耐力を損なうおそれがあるき裂その他の損傷、変形又は腐食
	鉄骨造	イ　柱の脚部のコンクリートに生じている鉄筋のさびが流れ出ているき裂その他耐久性を損なうおそれがあるき裂 ロ　柱又ははりにおける目視により認められる変形 ハ　柱、はり、筋かい及びアンカーボルトにおける損傷又はさびその他の腐食（軽微なものを除く。） ニ　鉄骨の部材の接合部における緩み ホ　建築物の傾斜又は明らかな不同沈下による変形 ヘ　イからホまでに定めるもののほか、構造耐力を損なうおそれがあるき裂その他の損傷、変形又は腐食
	鉄筋コンクリート造及び鉄骨鉄筋コンクリート造	イ　鉄筋のさびが流れ出ているき裂その他耐久性を損なうおそれがあるき裂 ロ　柱又ははりにおける目視により認められる変形 ハ　建築物の傾斜又は明らかな不同沈下による変形 ニ　イからハまでに定めるもののほか、構造耐力を損なうおそれがあるき裂その他の損傷、変形又は腐食
屋根ふき材、内装材、外装材、帳壁その他これらに類する用途に供する建築物の部分及び高架水槽、冷却塔その他建築物の屋外に取り付けるもの（以下「建築非構造部材」という。）	屋根ふき材、内装材、外装材、帳壁、パラペット及び建具	仕上げ材料、附属物その他の落下のおそれがあるき裂その他の損傷、変形、浮き若しくは腐食又は接合部における緩み
	高架水槽、冷却塔、手すり、煙突その他建築物の屋外に取り付けるもの	落下のおそれがあるき裂その他の損傷、変形若しくは腐食又は構造耐力上主要な部分その他の部分との接合部における緩み

（い）対象各部		（ろ）支障
床及び階段	共通	人の通行及び物品の積載又は運搬に支障を及ぼすき裂その他の損傷、変形又は腐食
	居室の床	使用上の支障となる振動が発生するき裂その他の損傷、変形又は腐食
	モルタル、タイル、石、ビニル製床材その他の建築材料を使用する床	建築材料のはく離又は浮き
	二重床	著しいがたつき
	階段その他に用いる滑り止め	滑り防止に支障を及ぼすおそれがあるき裂その他の損傷、変形若しくは腐食又はぐらつき
	視覚障害者誘導用ブロック等	視覚障害者の誘導その他に支障を及ぼすおそれがある建築材料のはく離、浮き又は変退色
	床点検口	著しいがたつき又は開閉不良
防火区画を構成する各部分（防火戸その他の防火設備を含む。）その他防火上主要な部分	防火区画を構成する床、壁、柱及びはり	あらかじめ設定された防火性能を損なうおそれがあるき裂その他の損傷
	防火扉、防火シャッター及び防火ダンパー	あらかじめ設定された防火性能を損なうおそれがある作動不良又はき裂その他の損傷、変形若しくは腐食
屋根、外壁その他の雨水の浸入を防止し、又は排除するための建築物の部分		イ　建築物又はその内部への雨水の浸入により、当該建築物の耐久性を損ない、又は当該建築物及び物品の損壊若しくは汚損を生じさせるおそれがあるき裂その他の損傷、変形又は腐食 ロ　コンクリート、モルタル、タイル、石、瓦、金属製カーテンウォールその他の建築材料のはく離又はこれらの接合部における緩み ハ　ルーフドレン及びといの排水不良
静穏を必要とする室		壁、窓、出入り口その他当該室と当該室以外の部分を区画する部分の防音上支障を及ぼすき裂その他の損傷、変形又は腐食
建具	共通	イ　開閉不良又は施錠若しくは解錠の不良 ロ　気密性を損ない、かつ、室内環境に悪影響を及ぼすき裂その他の損傷、変形又は腐食
	自動扉その他自動的に開閉するもの	センサー、制動装置その他の安全装置の作動不良
階段、バルコニーその他の建築物の部分に設ける防護柵、手すりその他		安全かつ円滑な利用に支障を及ぼすおそれがあるき裂その他の損傷、変形若しくは腐食又は接合部における緩み
屋内及び屋外の案内表示		容易に確認でき、かつ、利用者を目的地に円滑に誘導することに支障を及ぼすき裂その他の損傷、変形、腐食若しくは汚損、変退色又は脱落

（い）対象各部		（ろ）支障
建築設備	共通	建築物の用途、規模その他の特性に応じて、あらかじめ設定された機能の著しい低下
	設備機器	イ　安全性又は耐久性を損なうき裂その他の損傷、変形若しくは腐食又は接合部における緩み ロ　大規模な地震が発生した後、当該設備機器の移動、転倒、落下又は破損による損害の拡大を防止するための建築物の構造耐力上主要な部分その他の部分への固定の不備
	配線、配管及び風道その他のダクト	安全性又は耐久性を損なうき裂その他の損傷、変形若しくは腐食又は接合部における緩み
	昇降機	イ　安全装置の作動不良 ロ　ガイドレール、巻上機等の損傷、変形又は腐食
	排煙設備	排煙機、排煙口及び非常電源の作動不良、排煙口からの通気不良又は排煙風道の著しいき裂その他の損傷、変形若しくは腐食
	換気設備	換気装置の作動不良、排気口及び給気口の通気不良又は排気筒、排気口、給気口及び風道の著しいき裂その他の損傷、変形若しくは腐食
	非常用の照明設備	照明の点灯不良又は予備電源の作動不良
	給水設備及び排水設備	配管の著しいき裂その他の損傷、変形又は腐食
煙突、高架水槽、擁壁その他これらに類する工作物等		転倒又は落下のおそれがある傾斜、き裂その他の損傷若しくは腐食、接合部における緩み又は水抜穴の排水不良
駐車場及び敷地内の通路		人及び車両の安全かつ円滑な通行又は物品の安全かつ円滑な運搬に支障を及ぼすおそれがあるき裂その他の損傷、変形若しくは腐食又はコンクリート、タイル、石、アスファルト・コンクリートその他の材料のはく離

別表第二

（い）建築物等の特性、用途及び機能	（ろ）対象各部	（は）支障
積雪、凍結その他による被害が生ずるおそれがある地域における建築物等	屋根、外壁、屋外の建築設備その他の屋外に面する部分	積雪、凍結その他により、落下その他の屋外の安全上支障を及ぼすおそれがあるき裂その他の損傷、変形又は腐食
災害応急対策を行うために必要な建築物等（災害対策の指揮、災害情報の伝達等の施設及び救護施設をいう。）	災害応急対策を行う拠点となる室、これらの機能を維持するために必要な室又はこれらの室を結ぶ廊下その他の通路	大規模な地震が発生した場合に災害応急対策の支障となる損傷又は移動等を生じさせるおそれがある建築非構造部材のき裂その他の損傷、変形若しくは腐食又はモルタル、タイル、建築用ボードその他の建築材料のはく離若しくはこれらの接合部における緩み
	水防板、水防壁、逆流防止弁その他の水防設備	建築物等の浸水を防御する機能上支障を及ぼすおそれがあるき裂その他の損傷、変形又は腐食
危険物を貯蔵し、又は使用する建築物等	危険物を貯蔵し、又は使用する室	大規模な地震が発生した場合に危険物の管理上支障となる損傷又は移動等を生じさせるおそれがある建築非構造部材のき裂その他の損傷、変形若しくは腐食又はモルタル、タイル、建築用ボードその他の建築材料のはく離若しくはこれらの接合部における緩み
不特定かつ多数の者が利用する建築物等	出入口、廊下、階段、昇降機、便所、駐車場、敷地内の通路その他の不特定かつ多数の者が利用する部分	高齢者、身体障害者等の円滑な利用に支障を及ぼすおそれがあるき裂その他の損傷、変形若しくは腐食又はコンクリート、モルタル、タイル、石、ビニル製床材その他の材料のはく離
免震構造又は制振構造の建築物等	免震装置又は制振装置	免震又は制振の効果を損なうおそれがある部材及び機構のき裂その他の損傷、変形若しくは腐食又はこれらの接合部における緩み

(7) 法令等により定められた点検等の整理表（代表的なものを抜粋）

規模	大項目	中項目	小項目	点検周期	点検者（資格）	関係法令
（建基法）階数≧3かつ延べ面積＞200㎡（官公法）階数≧2又は延べ面積＞200㎡超	建築		敷地及び地盤	3年以内ごと	一級建築士、二級建築士、特定建築物調査員資格者証の交付を受けた者	建基法12条官公法12条
			建築物の外部			
			屋上及び屋根			
			建築物の内部			
			避難施設等			
			その他			
	防火設備		防火設備	1年以内ごと	一級建築士、二級建築士、防火設備検査員資格者証の交付を受けた者	
（建基法）階数≧3かつ延べ面積＞200㎡	建築設備		換気設備	1年以内ごと	一級建築士、二級建築士、建築設備検査員資格者証の交付を受けた者	建基法12条
			排煙設備			
			非常用の照明装置			
			給水設備及び排水設備			
（官公法）階数≧2又は延べ面積＞200㎡			排煙設備			官公法12条
			換気設備			
			予備電源			
			自家用発電装置			
			給水及び排水設備			
中項目の設備があれば対象	昇降機設備		昇降機	1年以内ごと	一級建築士、二級建築士、昇降機等検査員資格者証の交付を受けた者	建基法12条
		昇降機	エレベーター（積載荷重1t以上）	1月以内毎に1回（定期検査）1年以内毎に1回（性能検査）	十分な知識及び技能を有すると認められる職員又は登録性能検査機関等	人事院規則10-4 32条
			エレベーター（積載荷重0.25t以上1t未満）	1月以内毎に1回（定期検査）		
		昇降機	簡易リフト（積載荷重0.25t以上）	1月以内毎に1回（定期検査）1年以内毎に1回（荷重試験）		

規模	大項目	中項目	小項目	点検周期	点検者（資格）	関係法令
中項目区分の設備があれば対象	消防用設備	火災報知設備等	防火対象物に設けられている消防用設備等又は特殊消火用設備等	6月に1回（機器点検）	対象設備に応じた資格区分の消防設備士又は消防設備点検資格者	消防法17条の3の3
		屋内消火栓設備等		6月に1回（機器点検）		
				1年に1回（総合点検）		
	危険物	危険物（ガソリン、灯油、重油等）	指定数量の10倍以上の危険物を取り扱う一般取扱所、地下タンクを有する一般取扱所、地下タンク貯蔵所	1年に1回以上	危険物取扱者	消防法14条の3の2
	電気設備	事業用電気工作物	自家用電気工作物	保安規定による	電気主任技術者	電気事業法42条
	換気設備	換気設備	機械による換気設備	2ヶ月毎に1回		人事院規則10-4 15条
	空調設備・衛生設備	ボイラー、圧力容器	ボイラー（小型ボイラーを除く）、第1種圧力容器(小型圧力容器を除く)	1年以内毎に1回	十分な知識及び技能を有すると認められる職員又は登録性能検査機関等	人事院規則10-4 32条
				1月以内毎に1回		
			小型ボイラー、小型圧力容器、第2種圧力容器	1年以内毎に1回		
中項目区分の設備があれば対象	空調設備	冷凍機	特定施設の1日の冷凍能力が20t（フロンガスの場合50t）以上の高圧ガスを用いる冷凍機	3年以内毎に1回以上	高圧ガス保安協会、指定保安検査機関等	高圧ガス保安法35条
			特定施設以外の1日の冷凍能力が20t（フロンガスの場合50t）以上の高圧ガスを用いる冷凍機	1年以内毎に1回以上	冷凍保安責任者	高圧ガス保安法35条の2
		業務用冷凍空調機器	全ての第一種特定製品	3月に1回以上（簡易点検）		フロン排出抑制法16条
			圧縮機の電動機の定格出力の合計が7.5kw以上の機器	3年に1回以上（規模により異なる）（定期点検）	冷媒フロン類取扱技術者、冷凍空調技士等	

規模	大項目	中項目	小項目	点検周期	点検者（資格）	関係法令
中項目区分の設備があれば対象	衛生設備	ガス湯沸器、ガス風呂釜、これらの排気筒及び排気筒に接続される排気扇	ガス湯沸器、ガス風呂釜（除外機器あり）、これらの排気筒及び排気筒に接続される排気扇	4年に1回以上	ガス事業者	ガス事業法159条
		ガス湯沸器他	液化石油ガス消費設備	4年に1回以上	液化石油ガス販売事業者又は保安機関	液化石油ガスの保安の確保及び取引の適正化に関する法律27条、34条
中項目区分の設備があれば対象	排水に関すること	浄化槽（みなし浄化槽含む）		使用開始後3月を経過した日から5月間とする。その後は、毎年1回（水質検査）	指定検査機関	浄化槽法7～11条
			全ばっ気方式	概ね6月毎に1回以上（清掃）	浄化槽管理者、浄化槽管理士、浄化槽清掃業者	
			上記以外	1年に1回以上（清掃）		
		みなし浄化槽		方式・容量により1月～1年に1回以上（保守点検）	浄化槽管理者、浄化槽保守点検登録業者、浄化槽管理士	
		浄化槽		方式・容量により1週～4月に1回以上（保守点検）		
	飲料水	貯水槽	簡易専用水道（水槽の有効容量の合計が10㎥を超えるもの）	1年以内毎に1回（水槽の清掃）		水道法34条の2
				1年以内毎に1回（外観検査、水質検査等）	地方公共団体の機関又は厚生労働大臣の登録を受けた者	
			水槽の有効容量の合計が10㎥以下のもの			水道事業者の定める供給規定による

規模	大項目	中項目	小項目	点検周期	点検内容	関係法令
3,000 ㎡以上	排水	排水設備	排水槽、排水ポンプ、排水管等	6月以内毎に1回	排水設備の掃除	建築物衛生法4条
排水設備があれば対象					排水設備の補修及び清掃	人事院規則10-4 15条
3,000 ㎡以上	清掃	清掃等		6月以内毎に1回	清掃等及びねずみ等の防除	建築物衛生法4条
全て						人事院規則10-4 15条
全て	室内環境	室内環境	労働者を常時就業させる場所(照明設備)	6月以内毎に1回	照明設備の点検	人事院規則10-4 15条
全て			空気調和設備又は機械換気設備を設けている場合	—	空気調和設備又は機械換気設備の調整	人事院規則10-4 15条
全て			一酸化炭素、二酸化炭素、室温、外気温、相対湿度	2月以内毎に1回(緩和規定あり)	一酸化炭素・二酸化炭素の含有率、室温、外気温、相対湿度	人事院規則10-4 15条
3,000 ㎡以上			浮遊粉じん量、一酸化炭素、二酸化炭素、温度、相対湿度、気流	2月以内毎に1回	浮遊粉じん量、一酸化炭素・二酸化炭素の含有率、温度、相対湿度、気流	建築物衛生法4条
3,000 ㎡以上			ホルムアルデヒド	新築・増築、大規模修繕等の工事完了後6月1日から9月30日までの間に1回	ホルムアルデヒドの量	建築物衛生法4条
全て						人事院規則10-4 15条

注：点検者（資格）に関する規定はなし

規模	大項目	中項目	小項目	点検周期	点検内容	関係法令
3,000 ㎡以上	空調設備	冷却塔	冷却塔、冷却水の水管	使用開始時と使用開始後1月以内毎に1回	冷却塔、冷却水の汚れの状況の点検、必要により清掃、換水	建築物衛生法4条
				1年以内毎に1回	冷却塔、冷却水の水管の清掃	
冷却塔があれば対象				使用開始時と使用開始後1月以内毎に1回	冷却塔、冷却水の汚れの状況の点検、必要により清掃、換水	人事院規則10-4 15条
				1年以内毎に1回	冷却塔、冷却水の水管の清掃	
3,000 ㎡以上		加湿装置	加湿装置	使用開始時と使用開始後1月以内毎に1回	加湿装置の汚れの状況の点検、必要により清掃等	建築物衛生法4条
				1年以内毎に1回	加湿器の清掃	
加湿装置があれば対象				使用開始時と使用開始後1月以内毎に1回	加湿装置の汚れの状況の点検、必要により清掃等	人事院規則10-4 15条
				1年以内毎に1回	加湿器の清掃	
3,000 ㎡以上		空気調和設備	空気調和設備内の排水受け	使用開始時と使用開始後1月以内毎に1回	空気調和設備内の排水受けの汚れ及び閉塞の状況の点検、必要に応じ清掃等	建築物衛生法4条
空気調和設備があれば対象						人事院規則10-4 15条

注：点検者（資格）に関する規定はなし

規模	大項目	中項目	小項目	点検周期	点検内容	関係法令
3,000 ㎡以上	飲料水	貯水槽		1年以内毎に1回	貯水槽の清掃	建築物衛生法4条
				7日以内毎に1回	遊離残留塩素の検査	
	中水（再利用水）	再利用水		pH値、臭気、外観検査：7日以内毎1回、大腸菌群、濁度検査2ヶ月毎に1回	散水・修景・清掃用	建築物衛生法4条
				pH値、臭気、外観検査：7日以内毎1回、大腸菌群検査2ヶ月毎に1回	水洗便所用の水質検査	
				7日以内毎に1回	遊離残留塩素の検査	
中項目区分の設備があれば対象	空調設備・衛生設備	ボイラー	伝熱面積10㎡以上又はバーナーの燃焼能力が毎時重油換算50リットル以上	2月を超えない作業期間毎に1回以上（排出ガス量が毎時40,000㎥未満の場合は、年2回以上）	ばい煙量又はばい煙濃度の測定	大気汚染防止法16条
	焼却設備	廃棄物焼却炉	火格子面積2㎡以上又は焼却能力が毎時200kg以上	2月を超えない作業期間毎に1回以上（焼却能力が毎時4,000kg未満の場合は、年2回以上）	ばい煙量又はばい煙濃度の測定	大気汚染防止法16条
			火床面積が0.5㎡以上又は焼却能力が毎時50kg以上のもの（2以上の炉が設置されている場合は、合計）	1年に1回以上（都道府県知事への報告義務）	ダイオキシン量の自主測定	ダイオキシン類対策特別措置法28条

注：点検者（資格）に関する規定はなし

規模	大項目	中項目	小項目	点検周期	点検内容	関係法令
中項目区分の設備があれば対象	電気設備	ガスタービン、ディーゼル機関	燃料の燃焼能力が重油換算毎時50リットル以上	2月を超えない作業期間毎に1回以上（排出ガス量が毎時40,000㎥未満の場合は、年2回以上）	ばい煙量又はばい煙濃度の測定	大気汚染防止法16条
		ガス専焼ボイラー、ガスタービン及びガス機関、燃料電池用改質器（ガス発生炉）		5年に1回以上	ばいじん及び窒素酸化物の測定	
	排水	浄化槽、厨房施設等からの排出水	特定施設（処理対象人員が500人超のし尿浄化槽、300床以上の病院の厨房施設等、業務用の総床面積が420㎡以上の飲食店の厨房施設等）	1年に1回以上	排出水の汚染状態の測定	水質汚濁防止法14条
			指定地域特定施設（指定地域内の処理対象人員が201人以上500人以下のし尿浄化槽）	指定地域内日平均排水量、50㎡以上100㎡未満：30日以内毎に1回、100㎡以上200㎡未満：14日以内毎に1回、200㎡以上400㎡未満：7日以内毎に1回、400㎡以上：毎日		

注：点検者（資格）に関する規定はなし

参考　国家機関の建築物等の保全の現況（令和5年3月）、国土交通省大臣官房官庁営繕部

2. 用語索引

劣化現象と各部の名称に関する用語の索引です。

凡例　（Ⅰ／Ⅱ／Ⅲ／参）－ページ
　　　Ⅰ：第Ⅰ編　劣化判定の進め方
　　　Ⅱ：第Ⅱ編　劣化判定シート
　　　Ⅲ：第Ⅲ編　各部の名称
　　　参：第Ⅰ編　参考資料

施設管理者のための
建築物の簡易な劣化判定ハンドブック
令和5年版　第I編　劣化判定の進め方

令和5年11月1日　第1版第1刷発行

検印省略

定価 1,320円（本体 1,200円＋税 10%）
送料実費

編　集
発　行　一般財団法人　建築保全センター
〒104－0033
東京都中央区新川1－24－8
電　話　03（3553）0070
FAX　03（3553）6767
https://www.bmmc.or.jp/

ⓒ一般財団法人　建築保全センター　2023　　印刷　株式会社 報 光 社
ISBN978-4-907762-67-4